Misteriosa criatura
Un cuento de
Flavio Rivero.

Ilustraciones: **Heber Méndez Gil**
Diseño de portada: Pedro Miraballes,
sobre ilustración de Heber Méndez Gil.

MISTERIOSA CRIATURA

… del pantano a director

— Flavio Rivero —

En el predio del Colegio, había un pantano; mirado desde lejos, no tenía nada de raro; con arenas movedizas y camalotes que crecían a la orilla.

Con el pasar del tiempo, algo sucedía y nadie se animaba a mirar de cerca; es que todas las mañanas se movía el agua y con un ruido muy extraño, todos los niños se espantaban. Había una criatura que emergía desde el fondo. Un ser muy raro y especial al mismo tiempo, que era capaz de generar miedo y ternura a la misma vez. Era un niño que tenía patas de rana y vivía en el pantano.

Durante varios años, esta criatura salía y se escondía de los demás niños, que eran distintos; los que tenían pies para correr y jugaban en grupo, pues él vivía solo y si bien se alimentaba del pantano, se sentía diferente a las demás criaturas que vivían por allí cerca.

Todo era un misterio; tanto para los niños como para él, ya que no se entendía el origen de este "sapo" con cuerpo humano, lo que sí se sabía, era que esta criaturita no hacía daño a nadie y si bien sentían un poco de desconfianza de lo que él pudiera hacer, nunca hubo nadie lastimado y afortunadamente tampoco le hicieron daño, pese a que había niños traviesos. Es que en el fondo les generaba simpatía, admiración y pena al mismo tiempo.

Fiesta y bienvenida

Un día hubo una fiesta en el Colegio, celebración que se organizaba todos los años, con eventos deportivos, venta de bebidas, comidas y juegos de mesa, a la cual la "misteriosa criatura" asistió. Sin que nadie se percatara ingresó al salón de juego y permaneció escondido. Tras largo rato uno lo vio y empezó a gritar: "la misteriosa criatura esta acá" todos corrían y no sabían que hacer, la criatura se asustó y quedó paralizada por un buen tiempo; de a poco empezó a reaccionar, mientras que algunos curiosos lo observaban temerosamente.

Un momento de silencio, hasta que uno muy curioso le preguntó: "¿Eres tú humano?" mientras los demás observaban temerosamente. Lo inesperado sucedió: la misteriosa criatura respondió: "Sí, soy humano, como ustedes, nada más, que tengo cuerpo distinto y vivo solo en el pantano".

El niño tenía una voz muy finita y se le notaba un gran esfuerzo para hablar, puesto que nunca ejercitaba y las cuerdas vocales no estaban acostumbradas a emitir sonidos. La criatura también se asombró, ya que no sabía cómo había logrado hablar. Hubo un momento de tensión en el salón, hasta que uno de los alumnos se le acercó, mirándolo fijamente a los ojos, dijo para toda la sala: "¡La criatura habla! ¡Habla!"

Se le notaba una mirada triste, con rasgos de soledad, ya que la pobre criatura nunca estaba en contacto con nadie más que con los animales que rodeaban el pantano.

Se escuchó por segunda vez a la criatura extraña hablar, esta vez con voz un poco más gruesa: ¿"Ustedes me tienen miedo"? "Soy distinto, pero no soy agresivo, como otras cosas y vivo con otra especie, pero tengo sentimientos y puedo pensar, me gustaría que no me tengan miedo y si alguna vez alguno de ustedes quisiera ser mi amigo, yo estaría encantado, pues se sufre mucho estando solo en el pantano, si bien es donde vivo y estoy orgulloso de tener mi hogar, me encantaría poder jugar con ustedes".

Nadie contestó; hubo un silencio total, lo que era increíble lo bien que pronunciaba ese ser desconocido y diferente.

Un chico le preguntó: "¿Naciste acá, quienes son tus padres, y por qué tienes cuerpo de sapo?". El niño quedó mudo y muy triste, de repente se puso a llorar e movía los hombros sin poder contestar nada de lo que se le había preguntado.

Entonces uno de los profesores que estaba presente dijo: "No, no lo hagan sentirse mal, dejémoslo que haga lo que quiera, está muy aturdido por el ruido y por todos los presentes, ya sabemos que habla y no hace daño, quizás otro día quiera contarnos algo. Vamos sigamos jugando y si él quiere estar presente, démosle la bienvenida".

Y de repente todos dijeron que sí, y continuaron con los juegos que realizaban mientras la criatura miraba y festejaba con todo lo que pasaba, sin siquiera entender lo que veía, pero él estaba feliz, porque se había acercado a los niños y habían estado un rato junto. Luego uno preguntó: "¿Quieres que te acompañemos al pantano, para que te vayas a dormir?" La criatura sacudía la cabeza contestando afirmativamente, mientras se le caían las lágrimas de la emoción.

Al final todos lo acompañaron al pantano, mientras él iba a los saltos con sus patas traseras y cantaba de alegría. Todo era diferente para él.

La misteriosa criatura amiga de los niños

Durante mucho tiempo, la misteriosa criatura era amiga de los niños. Ellos lo bautizaron: "niño anfibio" y él quedo muy contento. Compartía los juegos con los niños del colegio, si un día él no asistía en el horario del recreo, los mismos niños se encargaban de ir hacia el pantano a buscarlo.

Durante años la armonía reinaba en el Colegio, ya el niño anfibio era una muestra de ternura y de unidad entre los niños. Pero lo que notaban era que el niño nunca envejecía, siempre tenía el mismo aspecto.

Fueron tantos los comentarios en el colegio y en la ciudad, fotos y publicaciones de diarios locales, informes en la televisión, que los miembros de un Centro de Estudios de Extraterrestres se interesaron por el caso, y resolvieron ir hacia el lugar, pues querían llevarse a esta rara, amistosa y tierna criatura, para estudiarla ante la sospecha de que podría ser una especie de otro planeta.

La búsqueda

Cuando estos señores aparecieron en el pueblo, todos temían lo peor, que se llevaran al niño, con la excusa de que lo iban a estudiar y analizar y en definitiva nunca más volviera. Lo real y concreto, era que jamás había hecho mal a nadie y siempre estaba sonriendo, jugando con los niños o durmiendo en el pantano, todas las autoridades locales rogaron a estos señores para que lo dejaran tranquilo que no iba a suceder nada.

Ellos arrogantes y creyéndose superiores, solo por tener un poco de poder, no aceptaron los ruegos del pueblo y se dirigieron en camionetas y helicópteros hacia el Colegio con el fin de atrapar a la criatura que había conquistado el corazón de toda la población.

Fue dura la búsqueda, pues todos los niños y profesores del Colegio se habían propuesto esconderlo de manera que ninguno lo pudiera encontrar. A todo eso notaron que el niño anfibio había crecido un poquito y que pese a saltar sobre sus patas traseras, estaba un poquito más pesado. Lo que no sabían cómo hacer era poder explicarle al niño anfibio que había gente mala y que se lo querían llevar.

El director dijo: "Niño anfibio, eres muy importante para nosotros, te queremos mucho, nos has enseñado muchas cosas y siempre estás dispuesto a aprender y te gusta jugar con los niños. La verdad es que no sabemos de tu origen, pero no nos importa, con el tiempo nos has demostrado que nunca hiciste ningún daño y eso es lo que nos importa, no queremos que nadie te haga daño, por eso es importante que colabores con nosotros y te escondas, al menos hasta que estos señores se vayan del pueblo".

El niño miraba con asombro y cara de asustado, entonces le contestó al director: "Sí, señor. Y le voy a explicar todo. Yo era único hijo, mi mamá se murió cuando yo tenía cinco años, aún no había entrado a la escuela, mi papá se casó de vuelta con una señora muy mala, que hacía brujerías y hechizos, no sé por qué ella siempre me maltrataba. Un día quedamos solos y pronunciando unas palabras raras, hubo una explosión y de golpe yo quedé así, lo único que sé que no hay cura para mí, solamente una pero es muy riesgosa y no voy hacer que nadie ponga en riesgo su vida por ir a curarme, pues yo me acostumbré ya a vivir así y que los niños jueguen conmigo es la única recompensa que quiero".

Hubo un instante de silencio y de golpe el director dijo: "No niño, dinos cuál es la solución".

El niño lo miró quedó pensativo y cayéndosele una lágrima dijo: "Hay una cascada, que es muy peligrosa, hay que ir en barco y lo peligroso y raro es que esa cascada hay que saltarla en barco pero en dirección contraria, o sea que el barco tendría que tomar impulso de abajo hacia arriba, allá hay un aljibe que tiene agua pero hay que tomarla en forma inmediata porque enseguida se vuelve barro".

Todos se miraban y nadie se animaba a emitir sonido entonces un niño preguntó "¿Y en helicóptero no se puede ir?" El niño sonrió y respondió "No, lamentablemente no, solo en barco, pues hay una maldición acerca de ese aljibe y el que intente sobrevolar ese perímetro, el helicóptero o avión se caerá. Únicamente en barco y de esa forma, por lo que no es muy seguro y demasiado riesgoso, así que les agradezco su intención de ayudarme, pero no me perdonaría si les sucede algo por mi culpa". Agachando su cabeza se dirigió al bosque al lugar donde lo querían esconder de esos señores malvados que se lo querían llevar.

Buscando la curación

Una vez que lo dejaron todos se pusieron a decir: "Debemos ayudar al niño. Tiene que recuperar su vida. ¡Qué maldad! ¡Qué crueldad! ¡Esa señora debería ser castigada; hacerle a un niño, de apenas 5 años, qué horror! Pensando las opciones, los niños y el director llegaron a una conclusión: hay que ir a ese aljibe. "Tenemos que saltar esa cascada y el niño tiene que tomar esa agua. ¿Cómo lo haremos? No sé, pero ya se nos ocurrirá algo", se escuchó.

Mientras tanto, un niño dijo: "mi papá es pescador y tiene una lancha con motor, podemos hablar con él, para que nos resuelva el problema y ver de qué forma puede saltar la lancha en forma inversa". Sin pensar demasiado, todos fueron donde el padre de este niño a explicarle lo que sucedía con el pobre niño y la única forma que tenían para quitarle la maldición que su madrastra le había hecho.

Una vez expuesto lo sucedido y la forma que tenían para rescatarlo, el papá de este alumno dijo: "¡Están locos! ¿De qué forma podemos saltar esa cascada en forma inversa?" Por un momento quedaron callados y enseguida el Director dijo: "Sabemos que es difícil, que es riesgoso, pero este niño es como un hijo más del Colegio, es parte de nuestra familia y si no lo cambiamos, quizás estos señores se lo lleven y nunca más lo volvamos a ver, esto es en forma urgente, ya que vendrán helicópteros y camiones a buscarlo". Fue así que lograron convencer a este padre.

"Señor —dijo el pescador—, iremos a rescatar al niño y lo volveremos a su forma. Pero cómo se imagina usted que volverá. ¿Qué edad tendrá? ¿Cómo será? ¿Dónde vivirá?"

El director pensó un segundo y dijo: "No sé, lo que suceda sucederá, y si no tiene adonde ir, vivirá en el Colegio con nosotros y le daremos trabajo y será muy honrado. Lo que tenemos que pensar ahora es en ir a esa cascada y sobrevolarla en la lancha". Entonces, el papá dijo manos a la obra. "Mañana tempranito llevaré la lancha al sitio y ahí comenzaremos a planificar el rescate, sé que podremos, Dios nos ayudará a rescatar a este niño".

El día indicado

Ese día parecía no acabar nunca, las horas se detenían, estaban todos ansiosos, y atemorizados, sabían que la obra era buena, por lo tanto nada malo tendría que suceder. Con ese pensamiento se fueron cada uno a su casa, el día glorioso tendría que llegar y el niño volver a la normalidad.

Era viernes, a las 7 de la mañana se empezaron a despertar, aunque casi ninguno había podido dormir, esa noche había sido una de las más importante para todos los niños, ya que al otro día, comenzaba una nueva etapa. La cita era para el mediodía, a esa hora todos se encontrarían en la cascada, el pescador estaba pronto, los niños con mucho entusiasmo. La misión estaba en marcha, por el otro lado estaban los señores que querían "cazar" al niño para llevarlo; afortunadamente ninguno se percató de lo que habían planificado el director y los niños; y profesores, la familia del Colegio, todos estaban pendiente de lo que sucedería en la cascada.

Sobre las 11 de la mañana, vieron que un helicóptero sobrevolaba la zona. ¡Lo estaban buscando! Todos se escondieron y el niño comenzó a gritar desesperado. "¡Va a caer, nadie puede volar por encima del aljibe!" Todos trataron de tranquilizar al niño diciéndole que eran los malos, que lo andaban buscando para llevarlo, pero él no tenía consuelo, no quería que nadie terminara lastimado, no tenía ninguna maldad. De repente, el helicóptero comenzó a perder fuerza y a temblar, asustado el piloto, saltó en paracaídas y cayó encima de un árbol, lejos del resto de los que buscaban al niño. Entonces el pescador dijo: "Tenemos que actuar rápido, porque en un rato vendrán a rescatar a este señor y ahí sí estaremos perdidos, pues no podremos salvar al niño".

El pescador puso la lancha en el agua, y era tan fuerte la corriente que la tuvieron que amarrar firmemente, mientras decidían quienes atravesaban la cascada; serían el niño, el pescador –quién conduciría la lancha– y tres más. Entre los adultos del grupo estaban dos hermanos, uno de ellos se casaba esa noche y dijo "yo voy, quiero hacerlo y tómenlo como regalo de casamiento, también quiero que vaya mi hermano y el otro ustedes deciden". Entonces el hijo del pescador dijo que el director tendría que ir y todos estuvieron de acuerdo.

Eran cinco en la lancha, los que tomaron el riesgo de salvar la vida de la criatura que durante años fue símbolo de aquel Colegio. La única forma que tenían de sobrevolar la cascada en forma inversa, era hundiendo el extremo de la lancha donde se encontraba el motor y de esa forma haría presión inversa y con la fuerza del motor se elevaría. Lo intentaron varias veces, pero siempre se quedaba en la mitad del camino y toda aquella esperanza se desvanecía.

El pescador dijo yo tengo un amigo que tiene una lancha, le pediré que me preste el motor y con los dos motores haciendo presión quizás podamos llegar hacia la cima. Entonces el pescador se dirigió hacia la casa de su amigo y le explicó lo que estaban haciendo y el problema que les ocasionaba tener un solo motor, ya que no tenían suficiente fuerza. Él se prestó a ayudarlos, quitó el motor de su lancha y fueron los dos hacia donde estaba el campamento. Tomaron el otro motor lo llenaron de combustible para superar la valla, el pescador manejaba los motores y con toda la energía hizo mucha presión y la lancha salió despedida hacia arriba, iban tan alto y con tanta fuerza que parecía que llegaban a superar la cascada, para poder alcanzar el aljibe y de esa forma el niño anfibio pudiera salvarse.

Todos hacían fuerza desde abajo y al final la lancha que iba llena de fuerza, esperanza y sueños, logró llegar arriba; con alguna dificultad sí por la fuerte correntada, pero afortunadamente el pescador era muy experimentado y con la potencia de dos motores, que posibilitó manejar bien la lancha, pudo llevarla a lo alto, y luego a la orilla, en el pasto, cerca de un árbol donde se encontraba el aljibe.

El niño no lo podía creer, lo habían logrado, sabía que tomando el agua, recuperaría su forma habitual, pero al mismo tiempo sentía tristeza, porque dejaría el pantano. Sin embargo, era la única forma que tenía de sobrevivir, ya que lo estaban buscando y probablemente lo encontrarían, entonces dijo en voz alta: "¡Sí, beberé el agua que me devolverá la vida y la libertad!".

El pescador sacó de su lancha un balde que tenía una cadena larga para poder sacar el agua del aljibe. Sacaron el primer balde pero una vez elevado a la superficie se transformó en barro, entonces el niño dijo que tenía que ser más rápido, porque duraba pocos segundos fuera de la superficie como agua y enseguida se convertía en barro tal cuál había ocurrido. Después del quinto intento, el niño pudo beber el agua, se toma casi todo el balde, antes de que el resto se volviera barro. Todos estaban intrigados y querían beber el agua, ya que era muy milagrosa, y tenía el poder de transformar al niño anfibio en persona nuevamente, no había ninguna contraindicación para esa agua, todos lograron tomar unos cuantos tragos.

Dieron por cumplida la misión y comenzaron a rezar para poder bajar, ya que la correntada era muy grande y la cascada muy pronunciada. Desamarraron la lancha y dejaron que el río los llevara rumbo a la libertad. Y así pasó, cayeron, el golpe fue tan grande que la lancha y los dos motores partieron, ninguno sirvió para más nada, pero eso a los pescadores no les importaba, nada podía opacar a la felicidad de haber logrado cumplir el sueño de salvar la vida de esta criatura.

Atrapan al niño

Pero abajo los esperaban estos señores, que habían ido a buscar al amigo que había caído con el helicóptero. Atraparon al niño anfibio y lo pusieron en una jaula arriba del camión. El niño estaba feliz igual, porque sabía que ya había bebido y a las 12 horas le haría el efecto de transformarlo en humano. Quienes participaron del rescate ya sabían lo que podía ocurrir, el niño anfibio ya se los había advertido y de esa forma ya habían ideado un plan para rescatarlo, lo único que no podían dejar era que se lo llevaran a otro sitio. Fueron al Colegio, donde había una réplica del niño anfibio en peluche de su tamaño real, para cuando el niño volviera a su forma se fuera del lugar y pusiera ese peluche en su lugar, para de esa forma burlar a esos señores que lo habían atrapado.

El casamiento

Ese día era el casamiento de uno de los que participaron en el rescate, un ex alumno. La fiesta fue espectacular, quienes bebieron el agua mágica del aljibe tenían una energía asombrosa, bailaron toda la fiesta como nunca lo habían hecho, nadie conocía el motivo, solo ellos y estaban felices y seguía el baile, pero sobre las 6 de la mañana, justo doce horas después de haber bebido el agua, todo se desvaneció; ya no tenían energía, estaban agotados.

El efecto del agua del aljibe, había desaparecido, entonces comprendieron que el niño anfibio debe estar cambiando. Con la poca fuerza que les quedaba se fueron hacia la base, donde se encontraba el niño capturado.

El rescate

De golpe, un señor de pelo y barba blanca sale de la base y dice rápido, el peluche, todos se miraron atónitos, pues no se esperaban encontrarse con un señor mayor; le dieron el peluche y lo esperaron afuera, el señor entró a la base y dejó la réplica de peluche en lugar del niño y se retiró de la base. Luego todos se dirigieron hacia el Colegio un poco atónitos.

En el camino este señor canoso les explicó: "Sucedió lo que yo me temía iba a ocurrir; cuando mi madrastra me transformó yo tenía 5 años, cada año mío correspondían a 9 de ustedes, por eso siempre me veían igual, generación tras generación yo iba creciendo muy poco, yo tuve 63 años viviendo en el pantano, que de los míos fueron 7, entonces si multiplicamos 7 por 9 nos da 63 más los 5 que tenía antes que esto me da 68, la edad que tengo ahora. Pero tengo mucha energía, me gustaría saber si mi padre está vivo, quiero ir a saludarlo, debe tener 92 años. ¿Se enterarán los de la base de que les hicimos el cambio?".

"No lo sé –dijo el director–, a las 8 de la mañana partirían rumbo a la capital. Lo cierto es que nunca encontrarán a la criatura". Y con risas de por medio dijo: "O sea, a ti".

Llegaron al Colegio, donde ya le habían aprontado su dormitorio, entonces durmió hasta el mediodía, cuando se despertó le contaron que aquellos malvados hombres se habían ido y que no volverían a verlos más.

El niño comenzó a recordar todo, su nombre y donde vivía su padre, Zoilo. Él se llamaba Felipe y su papá vivía en un pueblo muy pobre, entonces el director comenzó a averiguar y afortunadamente su papá estaba vivo, muy enfermo, pero estaba muy lúcido y allá fueron.

El reencuentro

Fueron el chofer, el director y Felipe. Al llegar, el director le dijo que quedara en la camioneta. "Es peligroso que tú vayas y te encuentres con esa malvada; nosotros te lo traeremos hasta aquí". Llamaron a la casa, y preguntaron por don Zoilo, el anciano estaba sentado en su silla, el director le pidió que lo acompañara hasta la camioneta que lo llevaría a un lugar donde tenían que mostrarle algo. El anciano fue caminando muy lentamente hacia donde estaba la camioneta se subió y allá marcharon hacia el Colegio, en el camino, Felipe lo mira y con lágrimas en los ojos le dice: "Papá". Don Zoilo, sobresaltado, pregunta: "¿Felipe? No, no, no puede ser. Mi hijo murió cuando tenía 5 años, yo no estaba en casa, había ido al monte y mi mujer me dijo que murió, pasé años llorando y nunca pude entender".

Felipe estaba muy emocionado, el director le dice: "Sí, es su hijo. Ya le contaremos la historia, la larga historia, pero don Zoilo es Felipe, exactamente, su hijo y no se preocupe, que nadie más los va a separar, dígame, ¿usted tiene otro hijo además de Felipe?".

El anciano llorando de la emoción y sin dejar de abrazar a su hijo, dijo "no, nunca más quise tener otro hijo, había sufrido mucho con la muerte de su madre y después con su desaparición, por eso no quise tener más hijos".

"No se preocupe, luego Felipe le va a explicar todo, usted va a vivir acá, en el Colegio con nosotros y todo lo que necesite lo va a tener acá". Luego que habló el director, Felipe le contó todo a su padre, todos los tormentos que había sufrido hasta el rescate y el agua del aljibe que había bebido para recuperar su vida.

Don Zoilo y Felipe vivieron tres años juntos en el Colegio, hasta que un infarto dejó sin vida a su papá a la edad de 95 años.

En todo ese tiempo Felipe cuidó de él como nunca nadie lo había hecho. En cuanto a la mujer, su madrastra, que tanto mal le había hecho, Felipe no quiso que le hicieran daño; él no le tenía rencor y consideraba que no era nadie para juzgarla ni castigarla. Dios le iba a pedir cuentas y eso era lo único que le importaba y estaba muy feliz de poder haber cuidado a su padre y que éste supiera que su hijo estaba vivo.

Era lo único que le importaba y ya con eso estaba cumplido.

Muerte del Director

Con 85 años de edad, el director del Colegio amaneció muerto. Un infarto se llevó al mejor amigo de Felipe y quién había confiado en él, le había abierto las puertas del Colegio y había iniciado la operación rescate. Fue mucho dolor para Felipe, que ese ser especial querido por todos había dejado la vida en la tierra para encontrarse con Dios y eso era lo único que le daba ánimo. No sabía lo que era eso de perder a seres queridos, y en poco tiempo se había muerto su padre y el Director que era casi como su padre.

El Colegio tomó la determinación de tener toda una semana de luto, había fallecido un viernes y hasta el segundo lunes después de eso, no hubo clases. Pero tenían que tener otro director y entonces todos quienes decidían en el Colegio propusieron a Felipe como director del Colegio. Pese a no tener educación, era un digno sucesor.

Felipe no quería aceptar, era mucha responsabilidad, pero lo convencieron diciéndole que el anterior director estaría orgulloso viéndolo desde el cielo a él en ese puesto.

Felipe el Director

Una multitud se hizo presente en el Colegio el día que Felipe asumió como director del centro de estudios más importante de la ciudad. De saco y corbata, Felipe, a los 72 años de edad hizo el juramento como Director.

Pese a no tener educación, y haber pasado gran parte de su vida viviendo en un pantano, Felipe fue elegido por la gente y llevó adelante su misión con mucha coherencia, continuando la gran obra que hacía su antecesor, ayudando a los pobres y a los niños abandonados.

Desde que asumió como director aumentó enormemente la cantidad de alumnos, ya que todos querían ser presididos por aquel Señor que emergió de un pantano. Pudo lograr lo que el anterior director no había podido: bajar la cuota para que también los niños de clase media pudieran entrar al colegio, para tener una mayor educación. Logró becas para los más pobres y si bien la cuota bajó con el aumento del número de alumnos, Felipe logró tener una mejor economía y distribuir mejor los ingresos que percibía el Colegio.

Todo el pueblo adoraba a aquél director, que años atrás había habitado en un pantano.

Made in the USA
Middletown, DE
03 December 2022